AF215248

Jutta Schütz
wurde in Lebach (Saarland) geboren.

Mit ihrem ersten Bestseller "Plötzlich Diabetes" (2008) gilt die Autorin bei Kritikern als Querdenkerin. 2010 startete sie mit ihren Gesundheitsbüchern ihr Pilotprojekt in Bruchsal und später bei der VHS in Wolfsburg. Schütz schreibt Bücher, die anspornen, motivieren und spezielles Insiderwissen liefern. Sie hat bis heute viele Bücher (über 100 Bücher) geschrieben und an vielen anderen Büchern mitgewirkt. Zudem hilft sie als Mentorin und Coach vielen Neuautoren bei der Veröffentlichung ihrer Bücher.

Als Journalistin schreibt sie für viele Verlage und Zeitungen. Ihre Themen sind: Gesundheit, Psychologie, Kunst, Literatur, Musik, Film, Bühne, Entertainment. Weitere Informationen zur Autorin und ihren Büchern findet man in den Verlagen, auf ihrer Webseite sowie im Kultur-Netzwerk.

Mehr Infos finden Sie auf der Webseite:

www.jutta-schuetz-autorin.de

www.die-gruppe-48.net/Funktionstraeger

© 2019 Autor: Jutta Schütz
© 2019 Buchsatz, Layout, Buchgestaltung
© 2019 Buchidee: Jutta Schütz
www.jutta-schuetz-autorin.de

© 2019 Herstellung und Verlag:
BoD – Books on Demand, Norderstedt

ISBN: 9783749436897

Das Werk, einschließlich seiner Teile, ist urheberrechtlich geschützt. Jede Verwertung ist ohne Zustimmung des Verlages und des Autors unzulässig. Dies gilt insbesondere für die elektronische oder sonstige Vervielfältigung, Übersetzung, Verbreitung und öffentliche Zugänglichmachung.

Bibliografische Information der Deutschen Nationalbibliothek:
Die Deutsche Nationalbibliothek verzeichnet diese Publikation in der Deutschen Nationalbibliografie; detaillierte bibliografische Daten sind im Internet über http://dnb.d-nb.de abrufbar.

Die im Buch veröffentlichten Ratschläge wurden von mir sorgfältig geprüft. Eine Garantie kann ich dennoch nicht übernehmen. Ebenso ist die Haftung von mir bzw. des Verlages für Personen-, Sach- und Vermögensschäden ausgeschlossen. Alle Markennamen, Warenzeichen und sonstigen eingetragenen Trademarks sind Eigentum ihrer rechtmäßigen Eigentümer und dienen hier nur der Beschreibung.

Jutta Schütz

Borderline
besser verstehen

Einleitung

Bei der Borderline-Störung (BPS) handelt es sich um eine Persönlichkeitsstörung (psychische Erkrankung).

Die Krankheit wird durch Impulsivität, instabile zwischenmenschliche Beziehungen, schnelle Stimmungswechsel und ein schwankendes Selbstbild (wegen gestörter Selbstwahrnehmung) charakterisiert.

Es handelt sich um ein schwerwiegendes psychiatrisches Krankheitsbild.

Für Menschen mit dieser Erkrankung ist das Leben wie eine unkontrollierbare Achterbahnfahrt.

Angehörige, Arbeitskollegen und Freunde können nur schwer nachempfinden, was Menschen mit Borderline-Persönlichkeitsstörung durchmachen.

Wegen des selbstgefährdenden Verhaltens gilt die Persönlichkeitsstörung als erstzunehmende und schwerwiegende Erkrankung.

Die Diagnoseschlüssel (nach ICD) für Borderline lauten: F 60.3 Emotional-instabile Persönlichkeitsstörung und F 60.30 Impulsiver-Typus.

Inhaltsverzeichnis

Der Begriff
Borderline-Syndrom (BPS)

Seit einiger Zeit wird die Öffentlichkeit immer aufmerksamer auf die Situation der Borderliner.

Es gibt inzwischen Bücher, Filme und immer häufiger auch Berichte über die Krankheit, so dass das Borderline-Syndrom gesellschaftlich so akzeptiert ist, dass man zumindest darüber reden kann.

Der Begriff „Borderline-Syndrom" (BPS) wurde 1884 zum ersten Mal von Adolph Stern verwendet. Er benutzte den Begriff zur Beschreibung von Patienten, bei denen er mit den damaligen psychoanalytischen Methoden keinen Behandlungserfolg hatte.

Das Borderline-Syndrom (auch Grenzlinie genannt) ist eine Erkrankung der Psyche (Persönlichkeitsstörung), meist ausgelöst durch Verlustangst „dem Fehlen von Grundwerten" im Leben. Es fehlt der Halt in der Familie und die Betroffenen kommen sich abgeschoben und wertlos vor.

Borderline-Patienten weisen eine weit gefächerte Symptomatik auf und zeigen auf vielen Ebenen ein instabiles Verhaltensmuster.

Durch ihr impulsives Verhalten neigen Borderline-Patienten dazu, sich selbst zu schaden. Betroffene tendieren zum Missbrauch von Drogen und Alkohol. Sie haben Fressanfälle, gehen riskante sexuelle Kontakte ein, ritzen sich, bzw. fügen sich selbst Schmerzen zu, um aus einer angespannten und für sie unerträglichen Situation zu entfliehen. Sie bewirken mit ihrem Tun, dass sie in ein anderes Gefühl gehen, die sie als eine Art von Entspannung erleben.

Die Borderline-Krankheit beginnt oft im frühen Erwachsenenalter, kann aber auch später erst auftreten z. B. in einer unglücklichen Ehe.

Der Kriterienkatalog DSM-IV der American Psychiatric Association umfasst neun Kriterien, von denen fünf erfüllt sein müssen, damit die Diagnose gestellt werden kann.

Ein Gespräch mit einem Psychologen kann und darf solch ein Test auf keinen Fall ersetzen!

Wenn man sich auf eine Beziehung (Partnerschaft) mit einem Borderliner einlässt, kann das für den gesunden Partner vielfältige Probleme mit sich bringen.

Hauptproblemauslöser sind die extremen Stimmungsschwankungen und ein selbstverletzendes Verhalten im physischen aber vor allem oftmals auch im psychischen Bereich sowie das Schwarz-Weiß-Denken und das Problem „Nähe und Distanz" zu regulieren.

Der Borderliner tut das nicht mit böser Absicht. Er will auch seinen Partner nicht kränken - tut es aber doch immer wieder.

Man kann auch für den kranken Partner nichts tun.

Auch Paartherapien bringen nichts.

Entweder hat man die Stärke um die Stimmungsschwankungen und die Wellen von Aggressivität zu ertragen, oder man muss die Beziehung beenden.

Diese Menschen leben in einer Welt der Extreme. Sie sind sprunghaft, teilweise spontan und reagieren auf vieles sehr emotional. Bei positiven Dingen sind sie sehr begeistert, bei Ereignissen und Menschen, die sie nicht mögen reagieren sie mit Ablehnung und Aggressivität.

Ihre Gefühle wechseln in Minuten zwischen:

- Liebe und Hass

- Euphorie und Depression

- Selbstzweifel und Selbstüberschätzung

Sie leben ohne feste Wurzeln so wie ein Kind, das verzweifelt nach seiner Mutter sucht.

Nach langen wissenschaftlichen Studien sind sich die Wissenschaftler immer noch nicht einig, ob die exakte Einordnung (Definition und Klassifizierung der Störung) richtig ist. Man glaubte lange, dass das Borderline-Syndrom auf der Grenzlinie (englisch: borderline) zwischen Neurose und Psychose anzusiedeln sei.

Heute zählt das Leiden zu den Persönlichkeitsstörungen (emotional instabile Persönlichkeitsstörung).

Die Eltern oder der Partner sind verunsichert, wenn der Borderline sich selbst verletzt oder Wutausbrüche bekommt. Es entsteht auch oft eine Co-Abhängigkeit.

Das heißt: die eigenen Bedürfnisse werden vernachlässigt, man will den Erkrankten glücklich machen, will für ihn nur das Beste und lässt sich komplett vom Borderliner in seinen Bann ziehen.

Egal was man tut, ob man dem Betroffenen Vorwürfe macht oder Rücksicht übt, die Konflikte werden dadurch nicht gelöst und der Borderliner ändert auch sein Verhalten dadurch nicht.

Damit sich für den Borderliner in der Familie etwas zum Positiven ändert, ist es sinnvoll, feste Familienregeln aufzustellen, an die sich jeder zu halten hat - auch der Kranke.

Nicht zuletzt auf Grund der hohen Selbstmordrate sollten sich die Betroffenen unbedingt in eine psychiatrische Behandlung begeben.

Borderline-Patienten neigen auch dazu, sich selbst verletzen zu wollen.

Der bekannte deutsche Psychiater Borwin Bandelow ist davon überzeugt, einen Großteil der Borderliner unter Prominenten erkennen zu können:

- Robbie Williams

- Kurt Cobain

- Angelina Jolie

Quellen: Borwin Bandelow: Celebrities.
http://www.spiegel.de/spiegel/print/d-46237036.html

Manchmal gibt es Probleme im Leben, die man nicht mehr selbst lösen kann und dann sollte man psychologische Hilfe holen – genauso wie man Hilfe sucht bei Grippe oder Zahnschmerzen.

Kurz zusammengefasst

- Angst vor realem oder eingebildetem verlassen werden und starkes Bemühen, dies zu vermeiden.

- Instabile Beziehungen. Die Betroffenen idealisieren Personen und kurz darauf hassen sie sie.

- Gestörte Selbstwahrnehmung, instabiles Selbstbild.

- Impulsivität (nicht vorher nachdenken) in mindestens 2 womöglich selbstschädigenden Bereichen.

- Suizidale oder selbstverletzende Handlungen.

- Stimmungsschwankungen.

- Oft das Gefühl von Leere.

- Unangemessene Wut, Schwierigkeiten, Wut zu kontrollieren.

- Vorrübergehende paranoide Vorstellungen oder Dissoziationen (weites Feld, von geistig nicht anwesend sein, bis zu irgendwohin gehen, dann nicht mehr wissen wie man dahin kam, plötzlich wird der Körper gefühlt riesig oder klein oder schwer - alles scheint nur ein Traum zu sein).

Anders ausgedrückt:

- AD(H)S Verhalten

- Angst

- Autoaggressives Verhalten

- Beziehungsunfähigkeit

- Depression

- Drogenkonsum
- Delinquentes Sozialverhalten
- Extreme Idealisierung oder Entwertung
- Essstörung
- Gefühlsstörung
- Hysterie
- Identitätsdiffusion
- Innere Leere
- Impulsive Reaktionsweise
- Impulskontrollverlust
- Kontaktvermeidung/Kontaktabbrüche
- Präventivangriff
- Polymorphe Sexualität
- Psychosomatische Symptome
- Realitätsverlust
- Rituale und Zwänge
- Schwarz-Weiß-Denken
- Starkes Kontrollbedürfnis über andere Menschen
- Sexueller Missbrauch
- Sucht
- Suizidalität
- Zerbrochene Ehen
- Zwangssymptome

Es gibt verschiedene Psychotherapieformen

- Tiefenpsychologisch fundierte Therapie
- Dialektisch-behaviorale Therapie (DBT)
- Verhaltenstherapie
- Gesprächstherapie
- Autogenes Training
- Progressive Muskelentspannung
- Katathymes Bilderleben
- EMDR
- Psychopharmakatherapie
- Logotherapie

Tiefenpsychologisch fundierte Therapie

Die tiefenpsychologische fundierte Psychotherapie (TP) beruht auf den theoretischen Grundlagen der Psychoanalyse und ihren Weiterentwicklungen.

Sie basiert auf der Annahme, dass im therapeutischen Gespräch Erkenntnis- und Veränderungsprozesse stattfinden.

Die Behandlungen erfolgen sitzend von Angesicht zu Angesicht und die Dauer der Therapie liegt in der Regel zwischen 50 und 100 Sitzungen. Von den Krankenkassen werden auch Verlängerungen in Einzelfällen übernommen.

Es wird angestrebt, gegenwärtige Probleme "in der Vergangenheit verwurzelter Konflikte" zu lösen. Die Psychologie geht davon aus, dass diese inneren Konflikte den Hintergrund für aktuelle Probleme bilden können.

Je nach Bedarf können auch Angehörige (z. B.: Ehemann) hinzugezogen werden.

Es kann manchmal sinnvoll sein, eine Behandlung über mehrere Jahre hinweg zu führen. Die Sitzungen finden dann alle zwei bis drei Wochen statt. Sie werden sowohl als Einzel- als auch als Gruppentherapie angewendet.

Die Therapien sind generell dadurch gekennzeichnet, dass sie den Blick von der Gegenwart immer wieder zurück in die Vergangenheit richten.

Diese Therapie ist nicht geeignet, wenn der Patient Probleme mit dieser Ausrichtung an der Vergangenheit hat – mit der Suche nach vermuteten Ursachen in der Kind- und Jugendzeit.

Als "Standard-Psychotherapiemethode" wird die tiefenpsychologisch orientierte Therapie von den Krankenkassen anerkannt.

Die Erkrankten wünschen sich durch die Therapie mehr Orientierung und suchen Hinweise, was sie tun können, um ihre Probleme zu lösen.

Vor allem die Behandlung von leichten bis mittelschweren Depressionen gilt als wissenschaftlich abgesichert.

Dialektisch-behaviorale Therapie (DBT)

Bei der kognitiven Verhaltenstherapie gibt es eine Reihe verschiedener Ansätze.

Diese Therapie leitet sich von der kognitiven Verhaltenstherapie ab. Sie wurde von Marsha M. Linehan speziell auf Borderline abgeändert.

Die Wirksamkeit wird von vielen Studien belegt.

Linehan entwickelte die Therapie in den 90er Jahren für Patienten mit suizidalem Verhalten. Es wurde festgestellt, dass sich diese Therapie auch gut für Borderline-Patienten eignet.

Die Therapieform eignet sich für chronisch suizidale Patienten mit Borderline. Sie zielt darauf ab, typische Verhaltensstrategien der Patienten wie manipulatives Verhalten allmählich zu verändern.

Der Patient muss erkennen, dass das typische Schwarz-Weiss-Denken ein Teil der Erkrankung ist. Dazu ist es notwendig, Kritik auszuhalten und sich über seine Gefühle klar zu werden. Er muss lernen, sich anders zu verhalten und nicht gleich in Wut zu geraten.

Verhaltenstherapie

Die Verhaltenstherapie beruht auf der Grundlage der Lerntheorie (Verhalten). Sie ist problemorientiert und behandelt nacheinander die einzelnen Störungen.

Es wurden verschiedene Techniken entwickelt:

- Selbstsicherheitstraining

- Systematische Desensibilisierung

- Gedankenstopp

- Konfrontationstherapie (Angst- + Zwangsstörungen)

- Selbstveränderung

In der Verhaltenstherapie geht es nicht darum aufzuklären woher der Konflikt entsteht, es wird versucht, durch Aneignung neuer Sichtweisen und Einstellungen die alten Muster zu verändern.

Damit diese Therapie Erfolg hat, ist die Voraussetzung eine gewisse Selbstkontrolle, die es dem Betroffenen ermöglicht, sein altes Verhalten durch positive Handlungsalternativen zu ersetzen.

Gesprächstherapie

Eine Gesprächstherapie beruht weniger auf Therapieform, sondern auf die Beziehung zwischen Arzt und Patient und sollte durch Offenheit und Akzeptanz bestimmt sein.

Eine so gestaltete Beziehung ermöglicht es, sich besser zu verstehen, die Kraft der Beziehung hat zentrale Bedeutung.

Mit psychotherapeutischen Gesprächen (Entspannungsverfahren oder kognitiven Methoden) werden Störungen des Denkens, Handelns und Erlebens identifiziert und therapiert.

Der Borderline-Erkrankte soll sich mit Hilfe einer klientenzentrierten Gesprächsführung selbst verstehen lernen.

Autogenes Training

Das Autogene Training ist ein "auf Autosuggestion" basierendes Entspannungsverfahren und wurde von Johannes Heinrich Schultz (Berliner Psychiater) 1926 vorgestellt.

Dieses Training hat aufgrund seiner physiologischen und psychischen Effekte eine besondere erwiesene Wirkung.

Bewährt hat sich das Autogene Training bei:

- Nervosität und innere Anspannung

- Körperliche und psychische Belastungen

- Stresssituationen

- Angstzustände

- Depressionen

- Schlaflosigkeit

- Belastung durch Schmerzzustände

- Leistungs- und Verhaltensschwierigkeiten

Das autogene Training gleicht einer Selbsthypnose und beeinflusst die körperlichen, vegetativen Funktionen wie z. B.:

- Durchblutung

- Pulsschlag

- Atmung

Man lernt sich selbst zu beeinflussen und dabei zu entspannen. Während die Übungen der Unterstufe zur Entspannung dienen, führt die Oberstufe zur vertieften Selbsterkenntnis und hilft dabei, selbständig Lösungen zu finden.

Menschen mit schwerwiegenden psychischen Erkrankungen wie zum Beispiel "Schizophrenie" haben mit dem Autogenen Training oft Probleme.

Beim Praktizieren des Autogenen Trainings ist es wichtig, klar denken zu können und konzentriert zu sein. Ebenso sollte das Training bei schwerwiegenden Depressionen zuvor mit einem Arzt abgesprochen werden.

Progressive Muskelentspannung

Physiologe Edmund Jacobson hat im Jahr 1929 entdeckt, dass sich die Muskelspannung bei Gefühlen der Unruhe oder Erregung deutlich erhöht und umgekehrt reduziert sich die Angst, wenn es gelingt, die Muskeln zu entspannen.

Progressive Muskelentspannung ist nicht nur am leichtesten zu erlernen, sondern auch am besten wissenschaftlich untersucht.

Diese Entspannungs-Methode wird bei vielen psychischen und körperlichen Störungen angewendet.

Es werden einzelne Körperbereiche zunächst angespannt und dann bewusst wieder entspannt. Man achtet dabei sorgfältig auf die Empfindungen, die an den Muskeln zu spüren sind.

Katathymes Bilderleben

Das "Katathymes Bilderleben" nennt man auch "Therapeutisches Träumen".

Zusammenhänge zum Alltag werden durch Besprechungen von bildlichen Vorstellungen hergestellt. Dadurch erhält der Therapeut schnelle und einfache Einblicke in die emotionalen Grundlagen des Patienten.

Das katathyme Bilderleben ist ein von Hanscarl Leuner im Jahre 1954 eingeführtes tiefenpsychologisch fundiertes Verfahren, das auf der Basis der Psychoanalyse entstand.

Das gefühlsmäßige (katathyme) Bilderleben geht davon aus, dass Bilder und Vorstellungen während des Tages in unseren Gedanken ablaufen und dabei unbewusste Gefühle widerspiegeln.

Die Hirnforschung konnte in den letzten Jahren beweisen, dass die Art und Weise, wie ein Mensch über das Leben denkt, dafür ausschlaggebend ist, welche Nervenzellenverschaltungen im Gehirn aktiviert und stabilisiert werden.

EMDR

EMDR ist eine etablierte Psychotherapiemethode. Ihr Ursprung ist in der Psychotraumatherapie zu finden.

Die Anwendungsmöglichkeiten von EMDR reichen weit darüber hinaus.

Diese Psychotherapiemethode basiert darauf, dass jeder Mensch über eine natürliche Fähigkeit zur Informationsverarbeitung verfügt, mit denen er belastende Erfahrungen verarbeiten kann.

1991 wurde EMDR von Arne Hofmann in Deutschland eingeführt. Hofmann ist der erste von Francine Shapiro am EMDR-Institut zertifizierte europäische Ausbilder.

Im Jahr 1995 wurde vom EMDR-Institut Deutschland das erste deutschsprachige Ausbildungsseminar für Psychologen und Ärzte veranstaltet. In Bielefeld wurde 1999 die anerkannte deutsche Fachgesellschaft für EMDR, EMDRIA e. V. gegründet. Sie hat heute zirka 2.000 Mitglieder und verfügt über ein bundesweites Netz von zertifizierten EMDR-Therapeuten.

Quelle:

http://www.emdria.de/

Psychopharmakatherapie

Die Psychopharmakatherapie ist ein wichtiger Baustein bei psychischen Erkrankungen.

Diese Medikamente besitzen Substanzen, die bestimmte Stoffwechselvorgänge im Gehirn beeinflussen.

So verändern die Medikamente die psychische Verfassung. Fachleute reden von psychoaktiven bzw. tropen Effekten. Diese Substanzen, die in den Medikamenten enthalten sind, wirken entweder direkt oder indirekt über Stoffwechselprodukte im Körper.

Mittlerweile gehören Psychopharmaka zu den am häufigsten verordneten Medikamenten und werden von Psychiatern, Nervenärzten sowie von Ärzten aller Fachrichtungen verordnet.

Psychopharmaka haben wie alle Medikamente Nebenwirkungen und Wechselwirkungen mit anderen Arzneimitteln. Aus diesen Gründen ist es sehr wichtig, warum ein sachgemäßer Einsatz der Substanzen unter strenger ärztlicher Kontrolle notwendig ist.

Logotherapie

Die Logotherapie ist eine sinnorientierte Psychotherapie (eine Therapie durch Sinnfindung).

Das Heilungskonzept beruht auf der Annahme, dass der Mensch auch ein geistiges Wesen ist und als ein solches zutiefst danach strebt, sein Leben in einem Sinnzusammenhang zu verstehen.

Das heiß: Logotherapie will das Geistige im Menschen ansprechen und seine Geisteskräfte mobilisieren.

Die logotherapeutisch geschulten Therapeuten bieten keine Sinnrezepte an, sondern sind vielmehr bemüht, den Patienten zur eigenständigen und persönlichen Sinnentdeckung zu führen.

Gefühle erkennen,
verstehen und zulassen

Das Empfinden von Gefühlen, sowie deren Wahrnehmung ist von großer Bedeutung, weil dadurch unser Handeln bestimmt wird.

Wer häufig chaotische Gefühle durchlebt, neigt oft zu überschießenden und zum Teil unerwünschten Reaktionen. Deshalb ist es wichtig Gefühle wahrzunehmen und richtig einzuordnen. Das ist nicht immer leicht und bedarf einiger Übung.

Gefühle können verwirrend sein, sodass es schwierig ist sie zu beschreiben. Wem das nicht so recht gelingt, sollte sich an eine Vertrauensperson wenden, um mit ihm oder ihr darüber zu sprechen.

Versuchen Sie möglichst Ihre körperliche Verfassung bzw. Empfindungen in bestimmten Situationen zu beschreiben. Versuchen Sie im Kopf sich Situationen vorzustellen oder Erlebtes nachzuerzählen, um konkrete Hinweise auf Gefühlszustände mit körperlichen Reaktionen zu erhalten.

Wird z. B. ein Angst-Zustand ausgelöst, könnte eine körperliche Empfindung schnelles Herzklopfen sein.

Um den Gefühlszustand zu ermitteln und ihn dann richtig einzuordnen, könnte die allererste Handlung einen Hinweis darauf geben. Das erste Handeln offenbart das Gefühl.

Einige Beispiele zeigen an, wie in bestimmten Lebenslagen Gefühle entstehen oder ausgelöst werden:

- Bei Kummer oder Trauer: weinen / am liebsten geweint

- Bei Angst: flüchten/am liebsten geflüchtet

- Bei Wut oder Ärger: geladen / am liebsten explodiert

- Bei Scham oder Schuld: peinlich / am liebsten verkriechen

- Bei Freude oder Glück: fröhlich / sich unbeschwert fühlen

Jegliches Gefühl hat eine Berechtigung, Gefühle so anzunehmen, wie sie sind: Die Gefühle nicht in eine andere Richtung drängen oder fließen lassen, die vielleicht in falsche Empfindungen münden.

Gefühle sind ein wichtiges Kommunikationsmittel, sie lassen andere sehen, wie wir uns gerade fühlen.

In unserem Gesicht zeigen wir anhand unserer Mimik, ob wir traurig oder wütend sind. Mit unserem Gesichtsausdruck und der eventuellen zusätzlichen Gestikulation können wir bei anderen ihre Gefühlswelt indirekt beeinflussen.

Das heißt: wenn wir herzhaft lachen, kann daraus ein heiteres gemeinsames Lachen werden.

Auch ein Zustand des Mitgefühls lässt sich über den Gefühls-Ausdruck übermitteln.

Gefühle zulassen und danach zu handeln ist grundsätzlich der richtige Weg, um für sich und seine Umwelt klare Verhältnisse zu schaffen.

Die allererste und emotionale Reaktion erweist sich zumeist als die Richtige. Jedoch können Gefühle auch zu stark übertriebenen Reaktionen und Handlungen führen, wenn Gefühlsstörungen wie z. B. Borderline-Syndrom (emotional-instabile Persönlichkeit) vorliegen.

Betroffene können ihre Gefühlsregungen nicht richtig ein- bzw. zuordnen, verlieren sich in einem Gefühlschaos und schliddern häufig in unkontrollierte Handlungen.

Eine zu hohe Intensität der Gefühle beherrscht häufig das Gefühl der Richtigkeit. Das heißt: das Gefühl gibt ihnen Recht, oder das Recht so zu denken und zu handeln.

Beispiele:

- Sich untauglich fühlen, dann ist man es auch.

- Sich vor etwas fürchten, dann ist es auch gefährlich.

- Sich schwermütig und todunglücklich (depressiv) fühlen, man sieht alles nur noch schwarz.

Aus dieser Gefühlsschiene sich wieder heraus zu manövrieren, ist für Betroffene alleine nicht zu bewältigen, deshalb sollte man unbedingt psychiatrische Hilfe in Anspruch nehmen. Gemeinsam gehen Sie den Weg der Analyse und hinterfragen, warum Sie so fühlen, denken und handeln.

Ihnen werden Wege aufgezeigt, wie man mit negativen Gefühlen umgeht und sie sogar in positive Handlungen schwenken kann.

Beispiele:

- Sich untauglich fühlen, aber dennoch etwas Neues erlernen, z. B. eine Sprache, oder Handarbeiten etc.

- Sich ängstigen, aber dennoch in die Angstkonfrontation gehen und die Situation meistern.

- Sich depressiv fühlen, dennoch seinen Tag strukturieren und kleine Highlights einbinden.

Es ist wichtig, viele positive Gefühle über den Tag zu sammeln. Nehmen Sie sich Zeit für die Dinge, die Sie als angenehm empfinden.

Wie schon einmal erwähnt: jeder Tag sollte uns mit überwiegend positiven Gefühlen begleiten.

Aber wie kann man solche Gefühle selbst in sich auslösen, damit wir uns gut fühlen?

Wie schon an anderen Stellen beschrieben, könnte man ins Kino gehen, Musik hören und dabei tanzen, Freunde treffen, in einen Sportverein eintreten oder einen Raum neu gestalten etc.

Denken Sie vielleicht mal über ein Ehrenamt nach, Kindern, alleinerziehenden Müttern/Vätern, alten Menschen oder Behinderten behilflich zu sein - damit helfen Sie nicht nur diesen Menschen die Hilfe brauchen, sondern helfen auch sich selbst.

Nehmen Sie sich selbst an der Hand, oder bitten sie eine Vertrauensperson um Mithilfe, damit Sie sich selbst neu ausrichten können.

Versuchen sie mehr Farbe in ihr Leben zu bringen.

Sie werden merken, dass Veränderungen auch Sie verändern. Sie schaffen sich dadurch einen positiven Zugang zu sich selbst.

Aus Schatten wird wieder Licht, aus Schwarz wieder Buntes und aus Angst wieder Freude.

Lernen Sie Ihre Gefühle einzuordnen und zu akzeptieren. Wenn der Mensch seine echten Gefühle kennt, hat er auch den Mut, zu ihnen zu stehen.

Es gibt verschiedene Arten von Gefühlen:

- Wut
- Ärger
- Trauer
- Freude
- Neid
- Lust
- Minderwertigkeit
- Schuld
- Scham
- Sehnsucht
- Ungeliebt
- Diskriminiert
- Ausgenutzt
- Versteckt
- Abgewiesen
- Überspielt
- Unterdrückt
- Verdrängt

Negative Gefühle können unsere Feinde sein! Sie sind Warnsignale, dass bei uns etwas nicht stimmt.

Positive Gedanken führen zu positiven Gefühlen, negative Gedanken führen zu negativen Gefühlen.

Dieser Satz ist klar zu verstehen! Wenn wir aus unseren negativen Gefühlen lernen, indem wir ihre Botschaft entschlüsseln, dann werden sie aber unsere Freunde.

❖ Zitat von Henry Louis Mencken: Vertrauen ist das Gefühl, einem Menschen sogar dann glauben zu können, wenn man weiß, dass man an seiner Stelle lügen würde.

Das Wort „Seele" ist nichts für Menschen die alles zu eng sehen

Vor vielen Jahren glaubten die Menschen noch, dass das Herz der Sitz von Verstand und Gefühl sei. Heute spricht man davon, dass es das Gehirn sein soll.

Unser Gehirn ist neben dem Kosmos das Komplexeste, was die Natur je geschaffen hat. Es ist unser menschliches Zentrum, unsere scheinbare Persönlichkeit, unsere Gefühlswelt mit Freude und Trauer, Lachen und Weinen und speichert unsere Erlebnisse.

Dieses zirka 1,4 bis 1,6 kg schwere, weiche Organ (Gehirn) soll also der Sitz unserer Persönlichkeit sein!

Das Wort „Seele" ist nichts für Menschen die alles zu eng sehen und die immer sehr traurig sind. Dieses Wort bleibt ihnen oft in negativer Erinnerung da es mit „seelischen Problemen" in Verbindung gebracht wird.

Es gibt von der Wissenschaft auch immer noch keinen Hinweis auf eine Seele, aber es gibt viele Bücher, die beschreiben, was die Seele krank macht.

Viele Verzweifelte forschen nach der Ursache für ihr eigenes „Seelenleiden" und suchen gezielt nach diesen Büchern, die höchstwahrscheinlich ins Nichts oder zum völligen Absturz führen.

Auch kann ein verzweifelter Mensch nicht dauernd positiv denken. Wie der Titel einer erfolgreichen Soap im Fernsehen schon sagt: Es gibt „gute Zeiten" und „schlechte Zeiten". Es ist einfach unmöglich täglich gut drauf zu sein. Wenn man krampfhaft versucht es doch zu sein, hat man schon verloren.

Es ist schon schwer zu glauben, dass das menschliche Gehirn durch einen Evolutionsprozess entstanden sein soll.

Die Ideen zur Evolution gab es seit dem 6. Jahrhundert vor Christus und wurde von Anaximander vertreten. Dieser Philosoph nahm an, dass die ersten Menschen aus Fischen oder fischähnlichen Lebewesen entstanden sind.

Die Gegner der Evolutionstheorie vertreten die Auffassung, dass das Entstehen des Lebens mit samt seinem Bewusstsein unwahrscheinlich sei und durch Gott oder einem anderen intelligenten Wesen entstanden ist.

Und so gibt es immer wieder großartige naturwissenschaftliche Theorien, die Menschen faszinieren.

Es geht weit über den Kreis der Forscherinnen und Forscher hinaus und die Evolutionstheorie gehört einfach dazu, die auf den Arbeiten Darwin, Plancks, Heisenbergs, Schrödingers, Paulis und vielen anderen beruhen.

Was ist aber mit unserer Seele? Wie ist sie entstanden und wo befindet sie sich? An diesem Punkt kann uns die Wissenschaft absolut keine Erklärung liefern. Und solche Bücher werden Ihnen im Moment auch nicht viel weiter helfen.

Wenn es einem seelisch (wo auch immer die Seele im Körper sich befindet) nicht gut geht, möchte man doch, dass es einem schnell wieder besser geht. Manchmal genügt es, mit einem Freund/in zu reden, einen Spaziergang zu machen, sich in ein Kaffee zu setzen oder sich was nettes (nicht bei Kaufsucht) zu kaufen. Aber manchmal sitzt die Depression schon viel zu tief.

Depressionen sind eine schlimme Sache, die wesentlich mehr Menschen betrifft als man denkt. Dabei gehören Phasen mit erhöhten Stimmungsschwankungen zum Leben eines jeden Menschen dazu, was absolut normal ist. Dauern diese Phasen jedoch längere Zeit an, kann es sich bereits um eine echte Depression handeln.

Wenn Sie die Diagnose einer Depression haben, liegt es an Ihnen selbst, die Erkrankung als solche zu akzeptieren. Eine Depression hat nichts mit Wehleidigkeit oder einem schwachen Charakter zu tun. Jeder Mensch hat in seinem Leben einige Depressionen zu überstehen und in der heutigen Zeit droht das Loch schon mit Anfang 20 – Midlife-Crisis war gestern. Viele Patienten bekommen Angst, wenn sie bemerken, dass sie an einer seelischen Störung erkrankt sind, niemand möchte als verrückt gelten.

Es ist die Suche nach dem perfekten Job, Studium, Familie, Kinderwunsch, Aussehen, die viele Menschen überfordert. Manchmal ist man schon überfordert mit der Frage, wo setze ich meine Prioritäten? Immer mehr junge Leute zwischen 18 und 25 plagt die Quarterlive Crisis (Sinnkrise).

Versuchen Sie einmal die negativen Gedanken, die Sie haben, nicht so ernst zu nehmen und versuchen Sie trotzdem aktiv zu bleiben.

Wenn sich Ihr Geist nur noch den negativen Gedanken widmet, entsteht eine Spirale, die Sie immer weiter in die Depression treibt. Versuchen Sie sich, mit positiven Dingen zu beschäftigen und unter Menschen zu gehen, sich mehr Ihren Hobbies zu widmen oder mehr Sport zu treiben.

An einer Depression erkrankte Menschen sind, wie alle anderen kranken Menschen, nicht mehr voll leistungsfähig.

Nun ist es leider so, dass einem in der Depression selbst kaum Dinge einfallen, die einem eigentlich gut tun würden und dies führt dann zwangsläufig dazu, dass man immer weniger angenehme Dinge unternimmt.

Man hört oft von Schwermütigen, dass man gerade jetzt nicht in der Lage sei, bestimmte Unternehmungen zu ergreifen. Setzen Sie sich also keine zu hohen Ziele, denn wenn Sie diese nicht erreichen, bildet sich wieder eine Spirale, die Sie weiter in die Depression ziehen könnte.

Seien Sie geduldig mit sich selbst, geben Sie sich nicht selbst die Schuld, dass es Ihnen im Moment schlecht geht und flüchten Sie sich nicht in die vermeintlichen Problemlöser: Alkohol oder Drogen. Die Rauschgifte mögen zwar kurzzeitig psychische Erleichterung bringen, aber bereits mittelfristig werden sich Ihre Probleme dadurch nur noch verschlimmern.

Natürlich wird es Ihnen nicht sofort besser gehen, und ehrlich gesagt, werden Sie auch nicht gleich viel Spaß und Freude empfinden, aber Sie werden spüren, dass sich ihre Stimmung schrittweise durch Aktivitäten verbessert.

Probieren Sie kleine Schritte, es ist einen Versuch wert. Etwas Neues zu beginnen macht am Anfang immer etwas Angst, denn wir wissen ja nicht, wohin die Reise geht.

Versuchen Sie aber trotzdem neugierig zu sein und brechen Sie aus Routinen aus. Versuchen Sie neue Kontakte zu knüpfen oder erlernen Sie eine neue Sprache.

Perfektionismus

Perfektionismus ist keine psychiatrische Diagnose. Borderline-Kranke leiden oft unter Perfektionismus, eine Spielart zwanghaften Verhaltens. Es ist ein Symptom, das in unterschiedlicher Ausprägung bei verschiedenen psychiatrischen Störungen vorkommen kann.

Unter Perfektionismus versteht man das übersteigerte Streben nach Vollkommenheit oder Perfektion. Traditionell wurde der Perfektionismus mit pathologischen Eigenschaften in Zusammenhang gebracht.

Perfektionisten setzen sich und ihre Umwelt unter Druck - dabei sind Menschen, die Fehler machen, beruflich erfolgreicher. Auch kann man Probleme durchaus überanalysieren - auch das ist eine Form von Detailversessenheit.

Hören Sie auf, sich selbst zu zerfleischen, wenn etwas mal nicht geklappt hat wie erhofft. Chronische Selbstzweifel ziehen runter und machen mit jedem Mal unsicherer.

Talente sind ungleich verteilt – jeder kann etwas und manche eben etwas mehr als andere. Machen Sie das Beste aus Ihren eigenen Begabungen. Es wird kein Mensch von Ihnen Wunder erwarten. Es reicht, dass Sie versuchen, Ihre Sache gut zu machen.

Prof. Rainer Sachse (Diplompsychologe und Leiter des Instituts für Psychologische Psychotherapie in Bochum) sagt: „Zum Perfektionismus neigen sowohl Menschen mit narzisstischen Zügen „etwa Workaholics", als auch Menschen mit zwanghaften Tendenzen wobei sich ihr Perfektionismus auf unterschiedliche Weise zeigt."

Der Traum, ein perfektes Leben zu führen, führt oft zum Alptraum – man verliert sich beim Streben nach Perfektionismus in nichtigen Details. Wir wollen alle perfekt und fehlerfrei sein, aber der Perfektionismus hat seine Schattenseiten.

Bei mental gestressten Personen wird die Überlastung vom Kopf produziert und der Kopf läuft auf Hochtouren, aber leider nicht unbedingt für den richtigen Zweck.

Die Perfektion wird über alles gestellt – der Kopf kontrolliert die Umgebung bis ins letzte Detail. Man macht sich Vorwürfe, weil nicht jede Kleinigkeit stimmt und die Gedanken werden von diesem negativen Funktionsautomatismus völlig blockiert. Man sucht dann auch ständig nach Anerkennung der Anderen.

Weil der Kopf immer gleich Schwarz sieht, überbewertet er das zu bewältigende Problem und erhöht so den Stress.

Umgangssprachlich spricht man dann: Aus einer Mücke einen Elefanten machen.

Und weil der Kopf immer wieder suggeriert, dass er es nie schaffen wird, reagiert er schließlich zu spät und stresst sich noch mehr. Es ist ein Teufelskreis.

Schon vor 30 Jahren erschien in der amerikanischen Zeitschrift „Psychology Today" einer der ersten Artikel über Perfektionismus.

Das Resümee des Autors David Burns zu den psychischen Folgen des Optimierungsstrebens war alles andere als positiv. Es ging um Ängste und zwanghaftes Verhalten, Depressionen und um eine erhöhte Wahrscheinlichkeit Selbstmord zu begehen. Die Liste von psychischen Erkrankungen der Perfektionismusforschung war lang. Ergänzt wurde diese Liste durch Essstörungen und sexuelle Funktionsstörungen, die zu schweren psychischen Beeinträchtigungen führen können.

Die Forschung zu diesem Thema steht leider immer noch am Anfang, es gibt jedoch erste Hinweise, dass eine kognitive Verhaltenstherapie positive Effekte erzielen kann.

Fehler sind menschlich und stehen jedem zu. Eine weiße Weste macht oft erst der Fleck darauf interessant und wer seinen Perfektionismus zügelt und Fehler zulässt, ist in der Regel sogar erfolgreicher. Außerdem können Ihnen Ihre Fehler neue Erkenntnisse liefern.

Üben Sie sich also lieber in Gelassenheit.

Haben Sie realistische Erwartungen an sich selbst.

Sie müssen nicht immer hundert Prozent geben, um Ihr Ziel zu erreichen. Versuchen Sie nicht alles selbst zu tun, sondern bitten Sie auch mal um Hilfe. Sie wirken dadurch auf andere sympathischer und kommen nebenbei mit Ihren Kollegen ins Gespräch. Stößt Ihre Arbeit auf Kritik, bleiben Sie gelassen.

Perfektion gibt es eben nicht.

Was bedeutet Glück?

Möchte nicht jeder Mensch glücklich sein?

Glück ist das Gefühl aller Gefühle und darüber zerbrechen sich schon seit über 2000 Jahren Philosophen und Wissenschaftler den Kopf.

Philosophen, Psychologen, Soziologen, Neurologen und Biophysiker versuchen seit vielen Jahren die Glücksformel zu finden und die Glücksforschung ist gerade sehr modern geworden.

Frankreichs Ex-Präsident Nicolas Sarkozy ließ schon Nobelpreisträger nach der Zufriedenheitsformel suchen und in Deutschland kaufen sich seit einigen Jahren Millionen Menschen Glücksbücher, so als ob man das Glück nach einer bestimmten Rechenformel kaufen könnte.

Vor vielen Jahren schon waren es die Philosophen, die den Menschen sagen wollten, was Glück eigentlich bedeutet.

Der Chinese Lao Tse (6. Jahrhundert vor Christus) dachte, dass das wahre Glück in der Untätigkeit läge. Er meinte, wenn der Mensch aufhöre, dem Glück oder anderen Zielen hinterherzulaufen, dann sei er glücklich.

Ganz anders dachte Epikur, der 341 vor Christus auf der Insel Samos geboren wurde. Epikur meinte dass alles was man tut mit und aus Lust als Motivation getan werden soll.

Diese hedonistische Denkweise ist auch heute noch verbreitet und wird oft als rücksichtslos und egozentrisch angesehen.

Für die griechischen Philosophen Aristoteles, Platon und Sokrates führte die tugendhafte Lebensweise zum Glück. Sie dachten, wer sein Leben gerecht führe, gelange nach dem Tod zu den „Inseln der Seligen" (Übersetzung von Platon).

Man könnte auch annehmen, dass das Glück aus unseren Gedanken und unserem Körper heraus entsteht. Wenn wir uns in unserem Körper wohl fühlen, sendet er Signale an unser Gehirn.

Leider reicht es nicht immer aus, sich bewusst vorzunehmen „das Glück" zu fühlen und auch die Glücksformel, das positive Denken, gelingt nicht immer.

Nur ein echtes Lächeln ist wirklich förderlich fürs Glücksempfinden. Zu diesem Ergebnis kam der amerikanische Anthropologe und Psychologe Paul Ekman bereits Ende der 1960er Jahre. Er behauptet, dass die grundlegenden menschlichen Gefühle in allen Kulturen auf der Welt gleich sind.

Quelle:
http://www.wissenschaft.de/wissenschaft/hintergrund/293629.html

Anders als hier in Deutschland gibt es für das Glück in Bulgarien und in England zwei Bezeichnungen. Sie machen einen Unterschied zwischen dem zufälligen, mitunter unverdienten Glück und dem hart erarbeiteten Gefühl des Glücks.

Auch versteht jeder was anderes unter dem Wort Glück. Für den einen ist es der Lottogewinn, Sex, der Porsche, ein großes Haus, für die Anderen hingegen: Gesundheit, Partnerschaft und gute Freunde.

Um Glück zu empfinden, reicht es oft schon aus, uns Dinge bewusst zu machen, die wir für selbstverständlich halten, die aber sehr wichtig für unser emotionales Wohlbefinden sind. So etwa unsere Gesundheit, die Familie und Freunde.

Das Glück ist nie von Dauer und das ist gut so, denn dauerhaftes Glück wäre unerträglich - es würde zur Selbstverständlichkeit werden und uns damit keine Glücksgefühle mehr bescheren.

❖ Zufriedenheit bringt auch in der Armut Glück, Unzufriedenheit ist Armut, auch im Glück. (Konfuzius)

Das Selbstbewusstsein

Das Selbstbewusstsein ist so etwas wie die Greencard für Amerika und ein gesundes Selbstbewusstsein setzt ein hohes Maß an Selbstwertgefühl voraus.

Es gibt viele Wörter für Selbstbewusstsein:

- Selbstachtung

- Selbstsicherheit

- Selbstvertrauen

- Selbstwertgefühl

- Selbstakzeptanz

- Selbstbehauptung

- Selbstbejahung

- Selbstwertschätzung

Das Minderwertigkeitsgefühl ist der Gegenpol zu dem gesunden Selbstwertgefühl.

Es kommt niemand mit einem fehlenden Selbstvertrauen auf die Welt. Menschen, die als Kind kein Selbstwertgefühl entwickeln konnten, haben Erfahrungen gemacht, dass mit ihnen etwas nicht stimmt und dass sie dadurch minderwertig sind.

Jeder von uns hat ein Bild von sich und seiner Persönlichkeit verinnerlicht. Dieses Bild wird vor allem in den ersten sieben Jahren geformt. Alle Fehler, Verletzungen, Niederlagen und Erfolge formen das Selbstbild.

Menschen mit wenig Selbstbewusstsein wurden in den ersten Lebensjahren von Eltern, Erzieher, Lehrer, Gleichaltrige, bewusst oder auch unbewusst ständig auf Fehler und Schwächen aufmerksam gemacht.

Hat man diesen Menschen oft gesagt, dass sie nichts taugen oder manche Arbeiten doch nicht schaffen, weil sie zwei linke Hände haben, so können diese Erwachsenen sich dann nicht so akzeptieren wie sie sind. Sie stellen zu hohe Ansprüche an sich selbst, die sie nicht erfüllen können.

Schon im Jahre 1890 hat ein amerikanischer Psychologe und Philosoph William James erkannt, dass derjenige ein starkes Selbst besitzt, bei dem die Kluft zwischen dem Selbstbild „So bin ich" und dem Idealbild „So möchte ich gerne sein" gering ist.

Der Psychologe erklärt, dass es Entscheidend für das Selbstwertgefühl ist, in welchem Verhältnis Erfolge und Ansprüche einer Person zueinander stehen.

Ein Mensch, der wenig von sich erwartet, wird sich über geringe Erfolge nicht den Kopf zerbrechen. Umgekehrt können noch so beachtliche Leistungen einen Menschen mit extrem hohen Erwartungen schlaflose Nächte bereiten.

Vielleicht haben Sie oft oder nur manchmal Selbstzweifel, Angst vor Herausforderungen und Schuldgefühle?

Jeder Mensch kennt ähnliche Gefühle – aber manche Menschen begleiten diese Gefühle das ganze Leben.

Unser Selbstbild setzt sich aus vielen Gegebenheiten zusammen:

- Geschlecht
- Name
- Alter
- Elternhaus
- Freunde
- Unser Körper (Größe und Gewicht)
- Schule (Lehrer)
- Ausbildung
- Beruf
- Fähigkeiten
- Talente
- Wünsche
- Bedürfnisse
- Erfahrungen
- Interessen
- Finanzielle Absicherung

Wenn wir uns als Versager sehen, dann werden wir immer Wege und Möglichkeiten finden, zu versagen. Unser Selbstbild entscheidet darüber, was wir in der Zukunft erreichen und leisten werden.

Wenn wir unser Selbstvertrauen steigern möchten, müssen wir lernen, uns selbst aufzubauen und uns den Rücken zu stärken.

Ein positives Selbstbild, der Glaube an uns, ist Voraussetzung, um stärker, fähiger und erfolgreicher zu werden.

Wenn wir ein gutes Selbstwertgefühl besitzen, dann bedeutet das: wir glauben, dass wir liebenswert und wertvoll sind, trotz der Schwächen und Fehler, die wir haben. Wir haben immer wieder Erfolge in unserem Leben zu feiern. Meist sind es zwar nur kleine Errungenschaften, aber hier und da auch Größere. Wir sollten sie uns immer wieder vor Augen halten.

Schreiben Sie Ihre Erfolge (auch die Kleinen) auf ein Blatt Papier und legen es auf den Küchentisch oder auf Ihren Schreibtisch oder heften ihn an den Kühlschrank. Sie können Ihre Auflistung auch mit sich herum tragen und jedes Mal, wenn Sie einen stillen Moment haben, schauen Sie sich Ihre Zeilen mit Ihren Erfolgen wieder an.

Oft haben wir bereits Dinge im Leben erreicht, die gar nicht so alltäglich sind. Wir würdigen sie aber nicht, da wir sie als selbstverständlich hinnehmen.

Es gibt keine Grenzen außer denen, die wir uns selbst setzen. Deshalb ist es von entscheidender Bedeutung, dass ein Pessimist lernt, von sich und seinen Fähigkeiten überzeugt zu sein. Möglicherweise denken Sie oft „Eigenlob stinkt" oder es zeugt von einem schlechten Charakter, von sich überzeugt zu sein.

Beginnen Sie doch mal ein Tagebuch für Ihr Selbstbewusstsein zu schreiben mit dem Titel: „Was ich alles kann", oder: „Ich bin es wert auf der Welt zu sein", oder: „Meine positiven Erfahrungen".

Was zu Beginn ein wenig selbstverliebt klingt, macht aber durchaus Sinn. Notieren Sie jeweils am Ende des Tages oder zwischendurch, was Ihnen gut gelungen ist. Bitte notieren Sie nur positive Ereignisse. Dieses Tagebuch hilft Ihnen, Ihr Bewusstsein auf die positiven Dinge in Ihrem Leben zu lenken. Dadurch fühlen Sie sich nicht nur besser, sondern strahlen das auch aus. Und nicht vergessen: NUR positive Ereignisse notieren!

Ein gutes Selbstbewusstsein ist in vielen Situationen von Vorteil. Nur wer sich auch mit seinen Schwächen und Fehlern akzeptiert, kann ein hohes Maß an Selbstbewusstsein erreichen.

Stehen Sie zu sich selbst – dadurch wirken Sie nach außen sicherer. Nehmen Sie sich so an wie Sie jetzt sind, denn nur wenn Sie sich so annehmen, können Sie sich verändern. Dies ist kein Widerspruch, denn wer ständig gegen sich kämpft, verliert seine Energie.

Sie sind der wichtigste Mensch in Ihrem Leben und Sie müssen Ihr ganzes Leben gut mit sich selbst auskommen. Erst wenn Sie anfangen sich selbst zu lieben, können Sie auch einen anderen Menschen ohne Probleme lieben.

Es ist überhaupt nicht einfach, plötzlich andere Wege zu gehen. Könnte man eine gesunde Portion Selbstbewusstsein irgendwo kaufen, wäre das vermutlich ein Kassenschlager.

Das Unterbewusstsein

Das Unbewusste ist in der Psychologie jener Bereich der menschlichen Psyche, der dem Bewusstsein nicht direkt zugänglich ist.

Wissenschaftliche Beweise für die Existenz eines Unterbewusstseins gibt es immer noch nicht, dennoch gehen die meisten psychologischen Ansätze davon aus.

Das Unterbewusstsein ist die Summe aller:

- Vorstellungen

- Erinnerungen

- Eindrücke

- Motive

- Einstellungen

- Handlungsbereitschaften

Im Unterbewusstsein spielen all die inaktiven Elemente unserer Psyche in unserm täglichen Handeln und Denken. Dagegen ist Alles, was im Moment aktiv ist „bewusst". Über 90 Prozent von allem, was wir täglich tun, erledigt unser Gehirn quasi unbewusst, ohne dass wir es merken.

An der Macht des Unterbewusstseins hat auch John-Dylan Haynes am Bernstein Centre for Computational Neuroscience in Berlin keine Zweifel.

Er hat herausgefunden, dass Hirnregionen, deren Aktivität bestimmte Entscheidungen signalisiert, schon im Scanner aufleuchten, wenn man noch gar nicht gezielt über die Alternativen nachdenkt.

Probanden müssen zum Beispiel nicht einmal merken, dass sie im Hintergrund während einer Computeraufgabe Fotos von verschiedenen Automodellen gezeigt bekommen.

Die entsprechenden Gehirnareale feuern trotzdem, wie die Forscher im „Journal of Neuroscience" berichten.

Quelle: Spiegel: Nora Schultz:

http://www.spiegel.de/wissenschaft/mensch/intuitions-forschung-wie-man-die-macht-des-unterbewusstseins-nutzt-a-745980.html

Unser Unterbewusstsein kann sehr viel mehr aufnehmen, als wir bewusst registrieren und es kann uns auch in entscheidenden Momenten z. B. den Weg weisen.

Das nennen die Psychologen und Wissenschaftler: Intuition.

Der Wiener Nervenarzt und Begründer der Psychoanalyse Sigmund Freud (1856 – 1939) ging davon aus, dass das Unterbewusste aus unterdrückten Kindheitserfahrungen und traumatischen Erinnerungen sowie tabuisierten Wünschen besteht.

Erweitert wurde diese Theorie von dem Schweizer Psychiater Carl Gustav Jung (1875 – 1961).

Er behauptete, dass das Unbewusste nicht nur durch die Erfahrungen des Einzelnen geprägt wird, sondern auch durch bestimmte archaische, universelle und vererbte Vorstellungen, die von allen Menschen geteilt werden.

Er prägte den Begriff des kollektiven Unbewussten.

❖ Ein Zitat von Carl Gustav Jung: Das Unbewusste ist kein dämonisches Ungeheuer, sondern ein moralisch, ästhetisch und intellektuell indifferentes Naturwesen, das nur dann wirklich gefährlich wird, wenn unsere bewusste Einstellung dazu hoffnungslos unrichtig ist.

Sigmund Freud versuchte das Unterbewusstsein an einem Eisberg-Modell zu erklären.

Das menschliche Bewusstsein ist danach gut zu verstehen, wenn man es mit einem im Meer treibenden Eisberg vergleicht. Sie besagt, dass ähnlich wie bei einem Eisberg nur zirka 10% sichtbar über der Wasser-Oberfläche sind und darunter 90% unsichtbar. Diese Werte passen auch im Verhältnis Bewusstsein zu Unterbewusstsein. Rund 10% beträgt das, was wir Bewusstsein nennen, 90% sind uns unbewusst.

Das Unterbewusstsein spielt bei vielen Entscheidungen eine wichtige Rolle. Jeder kennt das undefinierbare Bauchgefühl, jene Intuition, die man häufig verspürt, wenn es um wichtige Entscheidungen geht.

Der wichtigste Tipp, sein Unterbewusstsein positiv zu beeinflussen ist, sobald negative oder düstere Gedanken entstehen, sagen Sie STOP. Entziehen sie dem Negativen sofort Energie und speisen Sie das Gute. Dadurch wird das Positive verstärkt.

Dass Werbung oder unterschwellige Werbung Entscheidungen beeinflussen und manipulierend sein können, wurde durch viele psychologische Untersuchungen längst bewiesen.

Coca Cola hatte mal in einem Kinofilm versuchsweise „drink coke" für den Bruchteil einer Sekunde einblenden lassen und das mehrfach und für den Menschen nicht erkennbar. Tatsächlich stieg der Absatz.

Auch die Musik beeinflusst die menschliche Psyche sehr stark. Nicht umsonst gibt es Psychologen, die sich die Musik zunutze machen. Auch die Warenhäuser nutzen die Möglichkeit ihre Umsätze durch Musik zu steigern.

Bilder können ebenfalls Ihr Unterbewusstsein beeinflussen. Positive oder negative Fotos hängen sich in ihrem Unterbewusstsein fest.

Zum Beispiel sagen Sie einmal zu sich: „Ich denke jetzt nicht mehr an den Eifelturm." Was sehen Sie vor Ihrem Auge? Den Eifelturm! Das Wort „Nicht" wird einfach übergangen.

Es ist zu empfehlen, an etwas zu denken, woran Sie Freude empfinden. Vielleicht ist es der letzte Urlaub, das Treffen von Freunden, ein gutes Buch oder ein Film, ein anstehendes Fest mit ihrer ganzen Familie, worauf Sie sich freuen.

Träume sind Schäume – oder doch nicht?

Träume sind Schäume, wird oft behauptet. Ist dem wirklich so?

Dass Träume für unsere Gesundheit wichtig sind - darin sind sich Wissenschaftler einig. Doch über ihre genaue Bedeutung für Körper und Seele streiten sie sich noch.

Billy Joel fand seine Melodien im Schlaf, Salvador Dali seine Inspiration und Astrophysiker Paul Horowitz Lösungen für wissenschaftliche Probleme. Also, nicht immer sind Träume Schäume.

Ein Traum ist eine psychische Aktivität während des Schlafes und wird als besondere Form des Erlebens im Schlaf charakterisiert.

Die Harvard-Psychologin Deirdre Barrett sagt: „Es gibt viele Situationen, in denen uns die Begrenzung unseres Wachzustandes in einem Problem stecken bleiben lässt. Ein Traum kann das Problem lösen."

Wir Menschen träumen jede Nacht - nicht immer können wir uns an den nächtlichen Traum erinnern. Doch wenn wir träumen, befinden wir uns in einer Welt, die uns alles zu ermöglichen scheint. Wir fragen uns oft, ob es nun ein Traum war oder eine Zukunftsvision. Ist es da verwunderlich, dass wir nach einer Nacht und schlechten Träumen deprimiert sind? Wir wissen ja nicht, wie viel Wahrheit in unserem Traum steckt. Dann vergehen viele Tage um diesen Traum zu verarbeiten.

Wenn man es wissenschaftlich sieht, hat ein Wahrtraum z. B. einige Aspekte, die man erklären kann.

Andere Träume wiederum werden eher in den Bereichen Esoterik oder Parapsychologie diskutiert. Der Traum ist nicht nur ein Merkmal der menschlichen Existenz, er ist sogar überlebenswichtig – sowohl für den Körper als auch für die Psyche. Wissenschaftlich erwiesen ist, dass sich 80 Prozent aller Menschen an ihre Träume erinnern.

Der Traum ist bis heute nicht eindeutig erklärt, es gilt aber als erwiesen, dass bei Menschen, die regelmäßig am Schlafen und somit am Träumen gehindert werden, ernsthafte seelische und körperliche Störungen entstehen können.

Es ist wichtig, regelmäßig genügend Schlaf zubekommen. Versuchen Sie beim Einschlafen an etwas Positives zu denken.

Wie viel Schlaf braucht der Mensch?

Es kommt auf das richtige Gleichgewicht zwischen Schlafen und Wachsein an. Wenn Sie den ganzen Tag über leistungsfähig und fit sind, haben Sie in der Nacht genug geschlafen.

Man spricht von sechs bis acht Stunden Schlaf pro Nacht und es hängt auch von der Qualität des Schlafes ab, wie oft Sie in der Nacht wach werden.

Viele Menschen wissen gar nicht, wie viel Schlaf sie benötigen um fit durch den Tag zu kommen.

Müdigkeit und Schläfrigkeit sind auch zwei Paar Schuhe. Wer müde ist, fühlt sich erschöpft. Aber das kann auch von zu viel Arbeit kommen.

Wenn Sie aber schläfrig sind, können Sie kaum dem Drang widerstehen, einzuschlafen.

- Schläfrigkeit entsteht durch zu wenig oder gestörten Schlaf.
- Müdigkeit entsteht durch Stress oder andere Faktoren.
-

Quelle: © *stern.de: Schlafforschung: Zu wenig Schlaf macht dick, dumm und krank (13. Dezember 2005).*

http://www.stern.de/wissen/gesund_leben/schlafforschung-zu-wenig-schlaf-macht-dick-dumm-und-krank-548612.html

Yin & Yang

Yin und Yang ist ein philosophischer Ausdruck für Gegensätze: Es gibt nicht nur schwarz oder weiß, männlich oder weiblich, kalt oder heiß. Es soll verdeutlichen, dass nur in der Einheit der Gegensätze eine Entwicklung möglich ist - denn wer nicht weiß, was groß ist, der kann auch nicht wissen, was klein ist.

Man könnte auch sagen: Yin und Yang sind die Gegenpole des chinesischen Denkens. In jedem Teil liegt der Keim des jeweils anderen.

Yin und Yang wird grafisch mit zwei Punkten dargestellt.

Das Gegensätzliche findet sich z. B.:

- Warm und Kalt

- Hell und Dunkel

- Mann und Frau

- Schwarz und Weiß

- Groß und Klein

- Unten und Oben

- Weich und Hart

Sicherlich können auch Sie diese Liste mühelos fortsetzen.

Ins Deutsche übersetzt heißen:

- **Yin** „Schattenseite des Berges" oder „schattige Uferseite des Flusses" und

- **Yang** bedeutet: „Sonnenseite des Berges" oder „sonnige Uferseite des Flusses".

Das Zeichen „Yin und Yang" hat ihre Bedeutung in der Chinesischen Medizin und in der Chinesischen Philosophie.

Sie teilt die Menschen zum Beispiel in Yin- und Yang-Typen ein. Entsprechend dieser Typisierung brauchen die unterschiedlichen Menschen auch verschiedene Ernährungsweisen.

Das System von Yin und Yang ist die Grundlage der Feng Shui!

Seit dem fünften Jahrhundert vor Christi Geburt wurden diese Zeichen in der chinesischen Philosophie benutzt.

Der Begründer dieser Philosophie ist der Philosoph Lao-Tse, der im 6. Jahrhundert vor Christus lebte und das Buch „Tao Te King" niederschrieb.

Dieses Buch Tao te King umfasst 81 Kapitel z. B. über Bewusstwerdung, innere Gestaltung, Führung und Organisation.

Nach den Lehren der traditionellen chinesischen Medizin fließen Yin und Yang durch unseren Körper.

Sie müssen in einem Gleichgewicht sein, damit sich keine Blockaden in den Energiebahnen bilden.

Leider werden Yin und Yang viel mit Esoterik in Verbindung gebracht und auch missbraucht.

Man sagt:

Im Physiologischen dominieren Yin und Yang bestimmte Abschnitte im menschlichen Körper.

So kontrolliert Yin:

- die inneren

- unteren

- ventralen Teile des Körpers

und Yang die:

- äußeren

- oberen und

- dorsalen Bereiche.

Ein chinesischer Arzt diagnostiziert eine Krankheit durch Überprüfung des Pulses und die Wahrnehmung eines Ungleichgewichtes im so genannten Qi - Dieses wird als Lebensenergie übersetzt.

Alle therapeutischen Maßnahmen in der chinesischen Medizin zielen darauf ab, Yin und Yang wieder auszutarieren.

Der Arzt wird versuchen, durch Abtasten, Fühlen, Sehen, Hören und Riechen herauszufinden, wodurch das Gleichgewicht von Yin und Yang gestört wurde.

Er wird auch den Puls fühlen, den Urin ansehen sowie Zunge, Augen, Nase, Ohren, Mund und Zähne inspizieren.

In unserer heutigen Zeit nehmen Zivilisationserkrankungen rapide zu, darunter sind:

- Diabetes

- Rheuma

- Darmerkrankungen

- Hauterkrankungen

- Krebserkrankungen

- Chronische Rückenschmerzen

- Depressionen

- und noch viele mehr…

Die Schulmedizin, die wir in der westlichen Welt kennen, stößt hier oft an ihre Grenzen - immer mehr Menschen suchen nach Alternativen und dazu gehört die Traditionelle Chinesische Medizin.

Die Eigenschaften von Yin & Yang

- Sie sind Gegensätze

- Sie stärken sich

- Sie sind die Grundlagen für Feng Shui

- Sie befinden sich immer in der Veränderung

- Sie treten niemals alleine auf, sondern gemeinsam

- <u>Yang = positive Kraft</u>, steht für männlich, Sommer, Feuer, Sonne, Bewegung, Überfunktion

- <u>Yin = negative Kraft</u>, steht für weiblich, Nacht, Winter, Wasser, Mond, Ruhe, Unterfunktion

- An der Spitze des Yang steigt Yin auf und Yang ab

- An der Spitze des Yin steigt Yang auf und Yin ab

- Das Yin kann ohne das Yang nicht sein

Der chinesische Begriff „Qi" bedeutet:

- Lebenskraft
- Energie
- Atem
- Fluidum
- Luft
- Äther
- Gas
- Dampf
- Hauch
- Temperament
- Atmosphäre
- Kraft

Qi kann in der Natur und auch im Organismus als Antriebskraft betrachtet werden:

- Geistige Regungen
- Verdauung
- Wärmen
- Umwandeln
- Schützen und Verteidigen
- Transport
- Halten

Wenn Qi ausreichend vorhanden ist und harmonisch unseren Organismus durchfließt, sind wir gesund. Wir können unser Qi durch eine gesunde Lebensweise bewahren:

- Bewegung

- Ruhezeiten

- Ernährung

In der chinesischen Medizin heißt es auch: Wenn die Gefühle verdrängt werden, kommt es oft zu chronischen Störungen. Das sagen auch die Psychologen!

Zum Beispiel:

- Angst schwächt die Nieren

- Wut und Zorn schädigen die Leber

- Traurigkeit schwächt die Lungenenergie

- Erregung schädigt das Herz

- Grübeln führt zu Magen/Milz-Beschwerden

Wenn Sie in der Alternativ-Medizin Hilfe suchen, werden Sie lange nach einem seriösen Arzt suchen müssen. Schauen Sie genau hin, wenn Sie sich auf diese Alternative einlassen möchten.

Der Export von chinesischen Heilmitteln ist ein lukratives Geschäft geworden. Zum Beispiel ist der Bedarf an chinesischen Heilkräutern in Deutschland sehr groß und die meisten Kräuter werden aus China importiert.

Die chinesische Regierung teilte mit, dass 1995 etwa 400.000 Tonnen chinesischer Arzneien in die ganze Welt exportiert wurden mit einem Wert von etwa 2 Milliarden US-Dollar.

Neuere Zahlen sind nicht bekannt, doch schätzt man den gegenwärtigen Umsatz auf weit über eine Million Tonnen und einen Exporterlös von etwa 12 Milliarden Euro. Ein von Greenpeace veröffentlichter Bericht weist darauf hin, dass derzeit möglicherweise chinesische Arzneimittel in deutschen Apotheken im Umlauf sind, die erhöhte Werte an Schwermetallen und Pestiziden aufweisen.

Quelle: Gift aus der Apotheke: greenpeace magazin 4.04 Chinesische Heilkräutertees sind mit Schwermetallen und Pestiziden belastet, ergaben Laboruntersuchungen.

http://www.greenpeace-magazin.de/index.php?id=3150

Die Traditionelle Chinesische Medizin (TCM) ist in den letzten Jahren immer bekannter und beliebter geworden - nicht nur, weil die Schulmedizin von vielen Patienten zunehmend kritisch gesehen wird.

TCM ist aber auch ein Modetrend, der von den Medien gefördert wird und gleichzeitig interessieren sich auch immer mehr Schulmediziner für alternative Behandlungsmethoden.

Selbstheilungskräfte

Wenn der Mensch seelisch und körperlich gesund ist, dann herrscht in seinem Körper ein inneres Gleichgewicht. Viele Aufgaben des Körpers sind aufeinander harmonisch abgestimmt.

Die Schulmedizin kennt auch eine Art von Selbstheilung, sie ist bekannt als Spontanheilung oder auch Spontanremission. Hierbei kann ein Heilungseffekt ohne eine vorausgehende medizinische Behandlung eintreten.

Mit größerer Häufigkeit ist dieses Phänomen bei Magen-Darm-Entzündungen, Infektionen und Diabetes beobachtet worden.

Schon seit langer Zeit ist den Ärzten bekannt, dass gleiche Erkrankungen bei manchen Menschen besser heilen. Es hat möglicherweise damit zu tun, dass diese Menschen ihre eigenen Ressourcen besser zu nutzen wissen.

Die High-Tech-Medizin sorgte dafür, dass die menschliche Fähigkeit zur Selbstheilung weitgehend in Vergessenheit geraten ist.

Albert Schweitzer (evangelischer Theologe, Arzt, Philosoph, Musiker, Träger des Friedensnobelpreises - 14.01.1875 bis 04.09.1964) war der Meinung, dass jeder Erkrankte in seinem Inneren einen Arzt wohnen hat.

Ein französischer Apotheker „Émile Coué" meinte im Zusammenhang mit den Selbstheilungskräften, dass jede Krankheit heilbar sei – nicht aber jeder Kranke.

Beide wollten mit ihren Aussagen deutlich machen, dass die Menschen selbst eine große Verantwortung für ihre Gesundheit in sich tragen.

Die Selbstheilung hat in der Ernährung einen großen Platz. Neben positiven Gedanken und Gefühlen spielen auch Aktivität (Sport) und das Schlafverhalten eine große Rolle und in jedem Menschen steckt grundsätzlich die Fähigkeit, sich selbst zu helfen.

Schwerkranke Menschen suchen verzweifelt Hilfe in der Schulmedizin wie auch in alternativen Therapiemethoden. Man sollte beide Therapien miteinander vereinen und oft bringt die Aktivierung der Selbstheilungskräfte die entscheidende Wende.

In der Neurobiologie wurde festgestellt, dass der Körper und der Geist nicht voneinander zu trennen sind. Die Hirnforschung geht davon aus, dass Selbstheilungskräfte natürliche Regulationsprozesse sind, die vom Gehirn aus gesteuert werden.

Unser Immunsystem besitzt kein zentral regulierendes Organ wie andere Körpersysteme. So sind z. B. das Knochenmark, Thymusdrüse und die Milz Bestandteile des Immunsystems.

Hausärzte wissen aus Erfahrung, dass viele Wunden und Krankheiten auch ohne medizinischen Eingriff heilen. So wären Hautabschürfung, Durchfall, Schnupfen oder das Stechen in der Seite, in ein paar Tagen von selbst erledigt.

„Grob geschätzt, löst sich deutlich über die Hälfte der Patientenanliegen in der hausärztlichen Praxis letztlich von selbst", sagt Ferdinand Gerlach, Präsident der Deutschen Gesellschaft für Allgemeinmedizin. *Quelle: http://www.degam.de/*

Wenn ein Mensch unbewältigte Probleme zu lange mit sich herum trägt, könnte das Gefühl in seinen wichtigsten Bedürfnissen gehemmt sein – so sind dann auch die Selbstheilungskräfte blockiert.

Wenn Ihnen zum Beispiel die Nackenpartie oder Ihre Schulter schmerzen, könnte es an einem angespannten Denken liegen. Gehen Sie zu einem Arzt und versuchen Sie gleichzeitig den Heilungsprozess mit positiven Gedanken zu unterstützen. Es ist schon lange bekannt, dass die Hoffnung und der Glauben den menschlichen Organismus messbar beeinflusst.

Natürlich hoffen alle kranken Menschen wieder gesund zu werden. Hat ihnen der Arzt aber gesagt, dass sie unheilbar krank sind, denken diese Menschen nur noch daran, dass sie bald sterben müssen - dadurch ist der Heilungsprozess schon sehr eingeschränkt. Leider gibt es aber sehr viele Ärzte die solche Sätze aus ihrem Sprachrepertoires benutzen, dabei ist ihnen der Placebo-Effekt schon lange bekannt.

Nach wissenschaftlichen Studien verschiedener führender Universitäten kann Zuversicht tatsächlich Schmerzen lindern.

Ein Forscherpaar von der Abteilung für Psychiatrie der Mount Sinai School of Medicine in New York ist der Ansicht, dass die Fähigkeit, die positive Erwartung in Genesung umzuwandeln, im Laufe der Evolution im menschlichen Erbgut verankert wurde. Wer mit dieser Gabe auf die Welt kam, hatte einen Überlebensvorteil, weil er Bedrückung, Niedergeschlagenheit und Hoffnungslosigkeit abbauen konnte.

Es ist doch seltsam: Während die Wirkung des Placebo-Effekts immer weiter untersucht wird, spielt es im medizinischen Alltag eine immer kleinere Rolle.

Studien zufolge unterbrechen Ärzte ihre Patienten während des Arzt-Patienten-Gesprächs im Durchschnitt alle 18 Sekunden. Da bleibt wenig Zeit, heilende Gefühle zu entwickeln. Zudem rauben viele Ärzte ihren Patienten mit unbedachten Äußerungen die Hoffnung, was das Leiden der Betroffenen verschlimmern oder sogar ganz neue Symptome hervorrufen kann. Dies ist der so genannte Nocebo-Effekt.

Literatur-Quelle: Brody, Howard und Daralyn: Der Placebo-Effekt - Selbstheilungskräfte unseres Körpers.

Trotz aller medizinischen Erkenntnisse bleibt die Heilung ein Wunder, obwohl wir wissen, dass die Selbstheilungskräfte angeborene Überlebensmechanismen unseres Körpers sind.

Sie können Ihre Selbstheilungskräfte aktivieren durch:

- Yoga

- Tai Chi

- Qi Gong

- Pilates

- Autogenem Training

- Heilfasten

- Musik hören oder spielen

- Lachen

- Homöopathische Mittel und Enzyme

Diese Techniken helfen, einen optimalen Bezug zum Körper herzustellen und Körper, Geist und Seele in Einklang zu bringen sowie innere Ruhe zu finden.

Glauben Sie an sich selbst, an Ihre innere Kraft und geben Sie sich (oder Ihr Kind und Partner) niemals auf. Auch Ihr Bauchgefühl und Ihre Intuition sollten nicht zu kurz kommen und stärken Sie Ihr Selbstbewusstsein.

Auch wenn wir das letzte Geheimnis der Selbstheilungskräfte an dieser Stelle nicht lüften können, gibt es viel, was wir dafür tun können, um Heilung herbeizuführen oder gesund zu bleiben.

Ich rate Ihnen niemals, die Finger von der Schulmedizin zu nehmen und ich kann Ihnen auch an dieser Stelle keine Heilversprechen geben – ich versuche aber durch Recherchen Ihnen verschiedene Alternativen aufzuzeigen, wie Sie sich selbst helfen könnten.

Auf jeden Fall ist es wichtig, dass Sie, wenn Sie sich krank fühlen, einen Arzt aufsuchen, denn diese Ärzte sind wirklich die, die die Voraussetzung haben, dass Ihr Körper die notwendigen Antibiotika, Medikamente oder Operationen erhält. Ich halte es für sehr wichtig, dass die Schulmedizin und das Training der Selbstheilungskräfte Hand in Hand gehen müssen.

Wenn Sie gleich bei jeder Erkältung starke Arzneimittel bekommen, ist dies sicherlich nicht der richtige Arzt.

Zudem sollte ein guter Arzt Sie ernst nehmen und Ihnen mehrere Behandlungsansätze aufzeigen. Bei Kindern, die kleine Unfälle (hinfallen) erfahren ohne dabei größere Blessuren zu erleiden, führt schon eine Tröstung zum Selbstheilungsprozess.

Forscher haben herausgefunden, dass Zuneigung dafür sorgt, dass das Bindungshormon Oxytocin ansteigt und der Level des Stresshormons Kortisol deutlich verringert wird.

Es gibt verschiedene Entspannungsmethoden und nicht jede Methode ist für jeden Menschen gut geeignet. Manche Menschen kommen mit Sport gut zurecht, andere brauchen viel Ruhe und Schlaf.

Das Gehirn ist formbarer als oft gedacht wird.

Selbst Jahrzehnte nach einem Schlaganfall können Nervenzellen wieder umlernen und neue Strukturen bilden.

Lähmungen verschwinden wieder und das Sprachvermögen kehrt zurück.

Nun sollen bessere Therapien auch Kriegsveteranen und Seelenkranken helfen.

Quelle: Spiegel - Medizin: Die erstaunlichen Selbstheilungskräfte des Gehirns von Jörg Blech

http://www.spiegel.de/spiegel/a-538778.html

Was sind Depressionen?

Borderline-Menschen erkranken oft auch an Depressionen.

Aber eine Depression kann jeden treffen, unabhängig von Alter, Geschlecht und sozialem Status. Frauen sind etwa doppelt so häufig wie Männer betroffen.

Wir ALLE kennen Phasen unseres Lebens, in denen wir traurig, unglücklich oder einsam sind. Dauert eine traurige Phase aber über Wochen an, könnte bereits eine Depression vorliegen.

Depressionen sind keinesfalls ein Zeichen persönlichen Versagens oder Schwäche, sondern eine episodische Erkrankung und können viele Ursachen haben. Bei einer Depression liegen Störungen in Bezug auf Botenstoffe im Gehirn vor und niemand, der unter Depressionen leidet, braucht sich schuldig zu fühlen.

Die Gefahr von Suizidversuchen ist groß. Fast alle Patienten mit schweren Depressionen haben Selbsttötungs-Gedanken.

In Deutschland gibt es zirka 5 Millionen Menschen, die an Depressionen erkrankt sind. Für das Jahr 2020 schätzen Experten eine tendenzielle Steigerung. Somit liegt die DEPRESSION an 4. Stelle der wichtigsten Erkrankungen. Im Lebensalter zwischen 25 und 45 Jahren werden Depressionen gehäuft diagnostiziert.

Eine Depression (deprimere - Niederdrücken) ist eine psychische Erkrankung des Gefühls- und Gemütslebens.

Fast jeder Fünfte erkrankt mindestens einmal im Leben an einer Depression.

Weil viele Betroffene die Anzeichen einer Depression nicht richtig deuten oder sich scheuen, zum Arzt zu gehen, liegt die Dunkelziffer vermutlich um ein Vielfaches höher.

Die Zeichen einer Depression können sein:

- negative Gedanken

- negative Stimmung

- keine Freude mehr empfinden

- keinen Antrieb spüren

- kein Selbstwertempfinden

- fehlende Leistungsfähigkeit

- kein Einfühlungsvermögen

- Zukunftsangst

- vielfältige körperliche Symptome wie: Schlaflosigkeit, Appetitstörungen, Schmerzzustände

In der Psychiatrie wird die DEPRESSION den affektiven Störungen zugeordnet. Eine Diagnose wird immer nach Symptomen und Verlauf gestellt.

Nach der fachärztlichen Leitlinie der „Deutschen Gesellschaft für Psychiatrie und Psychotherapie, Psychosomatik und Nervenheilkunde „DGPPN" (Nationale Versorgungs-Leitlinie Unipolare Depression)" vom Jahr 2011 wird empfohlen, zum Zwecke der Diagnose (nach ICD-10) zwischen drei Haupt- und sieben Zusatzsymptomen zu unterscheiden.

Für eine Diagnosestellung müssen Hauptsymptome und weitere depressive Symptome mindestens zwei Wochen lang fortwährend vorhanden sein.

Aufgrund ihres vielfältigen Erscheinungsbildes, wird die Depression vom Hausarzt oft nicht erkannt. Es gehört neben medizinischem Fachwissen auch viel psychiatrische Erfahrung dazu, um eine Depression schnell und sicher zu diagnostizieren.

Ist eine richtige Diagnose erst mal gestellt, ist die Lage alles andere als aussichtslos. Hinsichtlich der Therapie hat sich in den letzten Jahrzehnten viel getan. Mehr als 80% der Erkrankten kann geholfen werden.

Patienten beschreiben ihre depressiven Gefühle unterschiedlich. So wird von Hoffnungslosigkeit, Niedergeschlagenheit und von Verzweiflung berichtet, andere schildern mehr eine Gefühllosigkeit, bei der sie weder Trauer noch Freude empfinden können.

Auffällig ist auch, dass depressive Patienten sich langsam bewegen sowie auch langsam sprechen.

Eine Depression wird oft von einer anderen Erkrankung überdeckt und nicht erkannt. Sie kann sich auch vorwiegend durch körperliche Symptome (Schmerzen) bemerkbar machen.

Bei schweren depressiven Störungen können auch psychotische Symptome auftreten wie:

- Halluzinationen

- Wahnideen

- Stupor (körperliche Starrheit)

Eine „nicht behandelte" depressive Phase (Episode) dauert zirka sieben Monate.

Die behandelte Depression kann bei den meisten Menschen vollständig geheilt werden – bei manchen Patienten bleibt jedoch ein kleiner Rest der depressiven Symptome bestehen.

Die Depression kann sich auch chronisch entwickeln. Das heißt, dass sich die depressiven Phasen regelmäßig wiederholen – es entsteht eine Dysthymie. Hier sind die Symptome nicht so ausgeprägt wie bei einer klassischen Depression.

Bei über der Hälfte der Patienten kommt es nach einer ersten Erkrankung zu einer weiteren depressiven Episode.

Eine Behandlung richtet sich danach, ob eine Depression erstmals oder wiederholt auftritt und wie schwer der Patient erkrankt ist.

Sie sollte sich an den Empfehlungen orientieren, die in der „Nationalen Versorgungsleitlinie (Unipolare Depression)" stehen.

Nicht jede Depression muss sofort psychotherapeutisch oder mit Medikamenten behandelt werden.

Eine effektive Behandlung senkt die Rückfallrate erheblich.

Hinsichtlich ihrer Wirksamkeit belegte Psychotherapieverfahren bei Depressionen sind:

- Gesprächspsychotherapie

- Verhaltenstherapie

- psychodynamische Psychotherapie

- interpersonelle Psychotherapie

- systemische Therapie

- medikamentöse Therapie (verschiedene Antidepressiva)

Eine depressive Störung ist NICHT dasselbe wie eine vorübergehende Niedergeschlagenheit!

Eine Depression kann auch durch eine körperliche Erkrankung oder durch Medikamente hervorgerufen werden.

Denkbar ist auch, dass diese Erkrankung in einem engen Zusammenhang mit einem Ereignis im Leben des Betroffenen stehen kann, wie z. B. einem Trauerfall, Arbeitsverlustes, Trennung oder finanzieller Verschuldung.

Ein weiterer zusätzlicher Faktor könnte eine manisch-depressive Erkrankung sein (bipolare Störung). Hier treten neben ausgeprägten Tiefs auch ausgeprägte Hochs auf. In diesen Hochphasen ist der Erkrankte oft überaktiv und ausgesprochen redselig. In dieser Zeit wird häufig das Denken, das Sozialverhalten und die Urteilsfähigkeit beeinflusst.

Wenn die Anzeichen einer Depression bemerkt werden, sollte man schnellst möglich zum Arzt gehen. Oft ist es für Betroffene, aber auch Angehörige wichtig, die Lebensumstände entsprechend zu ändern (Arbeitssituation / Privatleben).

Der erste Ansprechpartner sollte der Hausarzt sein, dieser überweist sie an einen Psychologen. Vielleicht gehören zur ersten Behandlung auch Medikamente (Antidepressiva) und eine Psychotherapie.

Ergänzend dazu:

- Entspannungsmethoden

- Selbstreflexion

- EMDR (Eye Movement Desensitization and Reprocessing)

Die Therapien können je nach Schwere der Depression ambulant oder stationär erfolgen – meist dauern sie mehrere Wochen.

Diese Krankheit ist eine ernst zu nehmende Erkrankung, die nicht nur für den Betroffenen eine enorme Belastung ist, sondern auch sein soziales Umfeld vor eine Situation stellt, die viel Geduld und Sensibilität erfordert.

In Studien über Depressionen zeigt sich, dass fast jeder Patient während einer depressiven Episode über kognitive Dysfunktionen klagt. Nach Ende einer akuten Depression bleiben diese Einschränkungen bestehen.

Diese Begleiterscheinungen einer Depression belasten den Betroffenen sowie auch sein Umfeld sehr. Hier ist es wichtig, dass man sich mit seinem Arzt bespricht. Dieser kann dann die Symptome in die Therapie mit einbeziehen.

Eine Depression wird durch mehrere Faktoren ausgelöst und aufrechterhalten. Es spielen dabei biologische, psychische und psychosoziale Aspekte eine wichtige Rolle.

Zum Beispiel kann durch belastende Lebensereignisse eher eine Depression ausgelöst werden, wenn bereits genetisch bedingt eine erhöhte Empfindlichkeit (Vulnerabilität) für die Erkrankung besteht.

Das Zusammenspiel der verschiedenen Ursachen hat wiederum Auswirkungen auf die Therapie.

Untersuchungen mit Familien und Zwillingsstudien belegen, dass genetische Faktoren bei der Depression von Bedeutung sind.

So können Kinder, deren Mutter oder Vater depressiv sind, mit einer Wahrscheinlichkeit von 10 bis 15 Prozent selbst an einer Depression erkranken.

Eine erbliche Veranlagung bedeutet aber nicht, dass eine Person zwangsläufig an einer Depression erkrankt. Oft wirken Gene und Umweltbedingungen oder Lebenssituation zusammen.

Zum Beispiel ist auch die Aktivität der Botenstoffe im Gehirn (Neurotransmitter) durch genetische Faktoren beeinflusst. Diese übermitteln an den Synapsen (den Verbindungsstellen zwischen zwei Nervenfasern im Gehirn) Informationen und haben somit Einfluss auf unsere Gedanken (Erleben, Gefühle).

Depressive Menschen haben durch verschiedene Faktoren eine geringere Toleranz gegenüber seelischen, körperlichen und biografischen Belastungsfaktoren als gesunde Menschen.

Diese Verletzlichkeit (Vulnerabilität) spielt bei dem Ausbruch und der Aufrechterhaltung ihrer Depression eine große Rolle.

Jeder Mensch hat seine Erwartungen und Wünsche und wenn diese Wünsche nicht erfüllt werden, entsteht oft eine innerliche Wut. Es wird dann gegen diese Wut angekämpft, oft ist man enttäuscht und fällt vielleicht auch in ein tiefes Loch – es entsteht eine Krise. Wie der einzelne reagiert, hängt von seiner Lebenseinstellung und seiner Lebenserfahrung ab.

Depressionen werden von negativen Lebenseinstellungen geprägt. Man bewertet sein Leben als ausweglos und fühlt sich als Versager.

Zum Beispiel denkt der Kranke, wenn er seine Arbeit verliert, nie mehr eine Anstellung zu finden. Genauso ist es, wenn er seinen Partner verliert. Er denkt, nicht liebenswert zu sein und zieht sich zurück.

Auch eine schlechte Kindheit kann als Grundstein einer depressiven Erkrankung angesehen werden. Die Störungen können sich bis ins Erwachsenenalter hinziehen und sich zu einer Depression auswachsen.

Forschungsarbeiten haben gezeigt, dass während einer Depression die Systeme für Botenstoffe im Gehirn aus dem Gleichgewicht kommen. Dies betrifft insbesondere die Transmitter-Systeme für die Botenstoffe „Serotonin und Noradrenalin".

Entweder liegen die Neurotransmitter in zu geringer Konzentration vor, oder die Empfindlichkeiten der Rezeptoren (diese wirken an den Botenstoffen) ist dauerhaft verändert. An dieser Stelle setzt dann auch eine Behandlung mit antidepressiven Medikamenten an. Diese Medikamente sollen den Serotonin- und Noradrenalin-Stoffwechsel wieder normalisieren.

Es wurde auch mithilfe bildgebender Verfahren bei depressiven Menschen während einer Episode festgestellt, dass es eine veränderte Aktivität des so genannten limbischen Systems im Gehirn gibt.

Das limbische System, auch als stressregulierendes System bezeichnet, ist für das Empfinden und Verarbeiten von Gefühlen mitverantwortlich.

Die veränderte Aktivität bei der Verarbeitung von Gefühlen erklärt die erhöhte psychische Verletzlichkeit depressiver Menschen und warum Schicksalsschläge einer Erkrankung vorausgehen.

Auch das Stresshormon wird mit der Entstehung einer Depression in Zusammenhang gebracht.

Die Stresshormone werden in Schreck- und Gefahrensituation ausgeschüttet. Sie erhöhen kurzfristig die Anspannung und die Aufmerksamkeit. Auf diese Weise wird der Körper darauf vorbereitet, schnell und effektiv zu reagieren.

Depressive Menschen haben ein gestörtes Kontrollsystem. So ließen sich bei depressiven Patienten erhöhte Werte des Stresshormons Cortisol im Blut und im Urin nachweisen.

Auch ein veränderter Hormonhaushalt kann eine Depression auslösen. So kann zum Beispiel vorkommen, dass Frauen nach der Geburt oder in den Wechseljahren an einer Depression erkranken.

Depressionen sind nicht nur vielgestaltig; sie haben auch eine Vielzahl von Ursachen:

- Vererbung

- Persönlichkeit

- Neurophysiologie

- Belastungen, Überforderungen, Stress

- Pessimistisches Denken, Selbstzweifel

- Lerngeschichte, fehlendes Zutrauen und Können

- Fehlende positive Aktivitäten bzw. Erfahrungen

Um sich mit der Krankheit „Depression" erfolgreich auseinandersetzen zu können, muss man wissen, wo man ansetzen kann. Es ist wichtig, dass man ein Konzept hat, ein Leitbild, das einem sagt, welche Maßnahmen günstig und welche ungünstig im Umgang mit der Depressionsproblematik sind.

Wissenschaftler der Universität Wien haben mit Hilfe eines Bluttests eine Depression nachgewiesen. Diese neue Methode soll in Zukunft schnellere und bessere Diagnosen depressiver Verstimmungen möglich machen. Bisher waren Bluttests als Diagnosemethode von psychischen Krankheiten ausgeschlossen worden.

Sie sagen aus, dass unsere Gene bestimmen, welche Spuren STRESS im Gehirn hinterlässt. Nicht jeder Mensch reagiert gleich auf belastende Ereignisse wie z. B. bei einem Todesfall, Scheidung, Arbeitslosigkeit oder Lebenskrisen.

Die Forscher fanden heraus, dass es einen Zusammenhang zwischen der Aufnahmegeschwindigkeit der Glückshormone (Serotonin) durch Blutplättchen und der Ausbildung bestimmter Depressions-Netzwerke (Default Mode Network) im menschlichen Gehirn gibt.

Die Forscher aus Wien konnten anhand spezieller Messungen so vom Blutbild eines Erkrankten auf ein konkretes Depressionspotential schließen.

Nach Aussagen des Forscherteams kann mit Hilfe dieser Erkenntnis eine exakte Diagnosetechnik entwickelt werden, um Depressionen durch einen einfachen Bluttest nachzuweisen.

Der Bluttest könnte auch helfen, die Behandlungserfolge genauer zu überwachen. Suizidgefährdeten Menschen ist es oft möglich, ihre Symptome gegenüber dem behandelnden Arzt zu verbergen. Das traurige Beispiel war der Tod des Torhüters Robert Enke. Er behielt seine Selbstmordpläne für sich.

Depressive Verstimmungen lassen sich häufig auf einen Mangel an Serotonin zurückführen. Das Protein „SERT" (Protein der Zellmembran) ist der Serotonin-Transporter im menschlichen Körper. Dieser transportiert das Glückshormon nicht nur im Gehirn, sondern auch in zahlreichen anderen Organen (z. B. im Darm) und kommt auch im Blut vor.

Das Ruhezustandsnetzwerk (Default Mode Network) ist vor allem in Ruhe aktiv und verarbeitet Inhalte mit starkem Selbstbezug. Erkenntnisse der vergangenen Jahre zeigten, dass es während komplexer Denkaufgaben aktiv unterdrückt wird, was unabdingbar für eine ausreichende Konzentrationsleistung ist.

Es fällt depressiven Menschen schwer, dieses Netzwerk bei Denkvorgängen zu unterdrücken, was zu negativen Gedanken und Grübeln und auch zu Konzentrationsschwierigkeiten führt.

Quelle: *Christian Scharinger, Ulrich Rabl (unter der Leitung von Lukas Pezawas) an der Abteilung für Biologische Psychiatrie, Universitätsklinik für Psychiatrie und Psychotherapie der medizinischen Universität Wien, in Zusammenarbeit mit Gruppen des Sonderforschungsbereiches SFB-35 und anderen Institutionen der mediz. Uni. Wien sowie internationalen Kooperationspartnern (Technische Universität Dresden; Zentralinstitut für Seelische Gesundheit, Mannheim) An der mediz. Uni. Wien waren neben weiteren Kollegen/Koleginnen der Universitätsklinik für Psychiatrie und Psychotherapie das Exzellenzzentrum für Hochfeld-MR, das Klinische Institut für Labormedizin und das Institut für Pharmakologie an der Studie beteiligt.*

Depressionen sind heilbar. Sie verlaufen meistens phasenhaft – das heißt, es treten Episoden auf, die spontan wieder abklingen.

Man sollte sich aber nicht darauf verlassen.

Es ist eher davon auszugehen, dass die Neigung (Empfänglichkeit) zur Entwicklung einer erneuten Episode, ein Leben lang bestehen bleibt.

Es ist wichtig, dass man alles daran setzt, das Rückfallrisiko durch geeignete Maßnahmen zu minimieren. Dabei kommt neben Medikamenten vor allem der eigenen Psychohygiene eine entscheidende Bedeutung zu.

Die kognitive Verhaltenstherapie oder andere Formen der psychotherapeutischen Hilfe können diesen Prozess erfolgreich unterstützen.

Der zwischenmenschliche Kontakt, der besonders wichtig ist für depressive Menschen, ist oft gestört.

Chronisch depressive Kranke können sich nicht nur weniger als andere anpassen – sie ziehen sich auch resigniert zurück. Gleichzeitig schockieren sie durch nörgelndes Appellationsverhalten (Hilferufe), brüske Zurückweisungen oder regelrechte Feindseligkeiten.

Der depressive Mensch lebt vorübergehend in einer anderen Welt, die gesunde Menschen nicht verstehen können. Diese Welt besteht oft aus Schuldgefühlen, Pessimismus und mangelndem Selbstvertrauen.

Vielleicht war dieser Mensch vorher ein lebensfroher, realistisch denkender und aktiver Mensch und plötzlich zieht sich dieser in sein Schneckenhaus zurück und verfällt in eine seelische und körperliche Passivität.

Dies kann ein Außenstehender, der nichts über die Erkrankung weiß, NICHT verstehen. Auf ihn wirkt dieser depressive Mensch teilnahmslos, apathisch, entscheidungsschwach, gefühlskalt, kraftlos, empfindlich oder faul. Depressionen können einen Menschen völlig verändern!

Zum Beispiel ist es möglich, dass ein früher lebenslustiger Freund/Partner… auf einmal schwunglos wird, an innerer Leere leidet, Hoffnungslosigkeit empfindet und Schuldgefühle hat.

In dieser Hilflosigkeit entwickeln Angehörige oft selbst Schuldgefühle und Ärger gegenüber dem Erkrankten. Hält diese depressive Phase längere Zeit an, können sich auch bei den Angehörigen Erschöpfung und eine Überlastung entwickeln.

Eine große Hilfe für Angehörige bringen Selbsthilfegruppen. Besprechen Sie sich auch mit ihrem Arzt, welche Hilfen es gibt.

Wie auch bei allen anderen schweren Krankheiten, sollten Sie so schnell wie möglich ärztlichen Rat einholen. Haben Sie bitte keine Scheu und ergreifen Sie die Initiative und vereinbaren Sie für den Erkrankten einen Arzttermin.

Depressive Menschen suchen häufig die Schuld für ihr Befinden bei sich selbst und sind selbst der Meinung, nicht zum Arzt zu müssen. Es fehlt ihnen auch oft die Kraft, sich zu einem Arztbesuch aufzuraffen. Hier ist die Unterstützung der Angehörigen beim Gang zum Arzt SEHR wichtig.

Erinnern Sie den Patienten daran, dass seine Depression eine Erkrankung ist, wie eine Erkältung – und ihm auch geholfen werden kann. Zeigen Sie Geduld mit dem Erkrankten und lassen Sie sich nicht auf einen Streit darüber ein, ob seine negative Sichtweise „objektiv" gerechtfertigt sei, oder auch nicht. Die Diskussion wird keinen Erfolg bringen.

Stellen Sie die körperlichen Missempfindungen und Krankheitsängste des Patienten nicht als übertrieben oder „nur psychisch bedingt" hin – depressive Menschen dramatisieren ihr Erleben nicht. Es ist die Depression, die auch leichte bis schwere Schmerzen oder Missempfindungen ins kaum Erträgliche steigern.

Es ist sehr wichtig, dass Sie sich nicht von Ihrem Angehörigen abwenden, auch wenn er Ihnen noch so abweisend erscheint.

Seien Sie sich immer bewusst, dass Depressive die Realität in vielen Dingen durch die „depressive Brille" sehen – das heißt, VERZERRT sehen und deshalb Entscheidungen treffen, die sie später wieder anders treffen würden.

Für Patienten und Angehörige ist es wichtig, sich durch Bücher oder Videos frühzeitig und umfassend über die Erkrankung zu informieren.

Angehörige gehen sehr unsicher mit Selbstmorddrohungen um, aber solche Äußerungen MUSS man ernst nehmen! Das Vorurteil, dass ein Mensch, der davon spricht, dies nicht tun wird, ist falsch!

Ein Selbstmordgedanke entspricht nicht einer bewussten Überlegung des Depressiven, sondern wird durch die Krankheit verursacht.

Versuchen Sie auf solche Äußerungen einzugehen!

Hören Sie dem Erkrankten ernsthaft zu und versuchen Sie den Betroffenen zu überreden, SOFORT seinen Arzt oder Therapeuten aufzusuchen oder bringen Sie den Erkrankten in das nächste Krankenhaus. Wenn der Patient nicht bereit ist, sich helfen zu lassen, dann schrecken Sie NICHT davor zurück, selbst einen Arzt, notfalls auch die Polizei anzurufen.

Lebt ein depressiver Mensch in einer Partnerschaft, ist dies für den Partner eine große Anstrengung. Eine Partnerschaft lebt vom gegenseitigen GEBEN und NEHMEN, doch Menschen in einer depressiven Phase sind zwar stark auf Unterstützung angewiesen, aber kaum in der Lage, etwas zurückzugeben.

Ebenso leidet auch die Sexualität, denn bei depressiven Menschen erlischt oft das Interesse am Sex. Dies bedeutet nicht, dass der depressive Partner Sie ablehnt. Nicht selten enden Beziehungen wegen dieser Erkrankung des Partners.

Oft entwickelt der Partner von depressiven Menschen selbst Schuldgefühle. Dauert eine Depression länger an, stellt sich oft ein Gefühl von Überforderung und Erschöpfung ein.

Der nicht an Depressionen erkrankte Partner wird emotional stark belastet.

Buchtipps

Buchdaten:
Plötzlich Diabetes - Es geht auch ohne
Pillen
3. Auflage (25. Juni 2014)
Autorin: Jutta Schütz
Verlag: Books on Demand
Taschenbuch: 112 Seiten - Sprache: Deutsch
ISBN-10: 3732247724
E-Book:
ISBN-13: 978-3732247721

Ein Typ-Zwei-Diabetes entsteht oft schleichend und kann über Jahre unbemerkt bleiben. Die Patienten haben oft ein allgemeines Unwohlsein und Abgeschlagenheit.

Buchdaten:
Hilfe bei Schwangerschaftsdiabetes
Infos, Tipps und Rezepte
Autorin: Jutta Schütz
Verlag: Books on Demand
Paperback, 64 Seiten,
ISBN-13: 9783752851007
E-Book:
ISBN-13: 9783752800012
Erscheinungsdatum: 03.05.2018
Sprache: Deutsch

Schwangere bemerken oft nichts von ihrer Erkrankung, da der Schwangerschaftsdiabetes meist beschwerdefrei bleibt.

Buchdaten:
Demenz & Alzheimer besser verstehen
Das langsame Vergessen
Autorin: Jutta Schütz
Verlag: Books on Demand
ISBN-13: 978-3-7448-3377-6
Erscheinungsdatum: 31.05.2017
Sprache: Deutsch, 52 Seiten
E-Book:
ISBN-13: 9783744878340

Häufig spricht man von Alzheimer und meint gleichzeitig auch Demenz. Es ist wichtig deutlich zu machen, dass die Demenz der Oberbegriff für verschiedene Demenz-Erkrankungen ist, umgekehrt jedoch nicht jede Demenz ein Alzheimer.

Autorin: Jutta Schütz
Paperback - 56 Seiten
ISBN-13: 9783749432158
Verlag: Books on Demand
Erscheinungsdatum: 15.03.2019

Etwa um das 40. Lebensjahr beginnen die Wechseljahre und die Funktion der Eierstöcke lässt nach. Die Produktion der Geschlechtshormone "Östrogen und Progesteron" nimmt ab. Es folgen Hitzewallungen (Schwitzen), Gewichtszunahme, Herzrasen, Schlafstörungen, Schwindel, depressive Verstimmungen sowie Hautprobleme. Auch das Risiko für Osteoporose steigt, da der Stoffwechsel im Knochen von den Hormonen gesteuert wird.
Durch den Hormonmangel steigt auch das Risiko für andere schwerwiegende Erkrankungen wie Herzinfarkt, Diabetes, Demenz und Depressionen.

Weitere Bücher finden Sie auf der Webseite der Autorin:

https://www.jutta-schuetz-autorin.de/